2. Lesestufe

Fabian Lenk und Amanda Krause

Neue Erstlesegeschichten für Jungs 2. Klasse

Mit Bildern von Astrid Vohwinkel •
Gerhard Schröder • Jörg Hartmann und
Irmgard Paule

Ravensburger Buchverlag

Bibliografische Information der Deutschen Nationalbibliothek:

Die Deutsche Nationalbibliothek verzeichnet diese Publikation
in der Deutschen Nationalbibliografie.
Detaillierte bibliografische Daten sind im Internet
über http://dnb.d-nb.de abrufbar.

1 2 3 4 5 E D C B A

Ravensburger Leserabe
Diese Ausgabe enthält Geschichten aus den Bänden
„Die Kinder des Manitu. Indianergeschichten"
von Fabian Lenk mit Illustrationen von Astrid Vohwinkel (S. 5–27),
„Schatzgeschichten" von Fabian Lenk mit Illustrationen von Gerhard Schröder (S. 28–53),
„Eisenbahngeschichten" von Fabian Lenk mit Illustrationen
von Jörg Hartmann (S. 54–77)
sowie „Piratengeschichten" von Amanda Krause mit Illustrationen
von Irmgard Paule (S. 78–97)
© 2004, 2006, 2008 und 2013 Ravensburger Buchverlag Otto Maier GmbH

© 2017 für diese Sonderausgabe
Ravensburger Buchverlag Otto Maier GmbH
Postfach 18 60, 88188 Ravensburg
Umschlagbild: Astrid Vohwinkel
Konzeption Leserätsel: Dr. Birgitta Redding-Korn
Design Leserätsel: Sabine Reddig
Printed in Germany
ISBN 978-3-473-36527-2

www.ravensburger.de
www.leserabe.de

Inhalt

Die Feder

Aufgeregt stehen Halber Mond
und sein Freund Roter Pfeil
vor dem Häuptling.
Heute ist ein wichtiger Tag.
Denn heute sollen die Jungen
neue Namen erhalten.
Das ist bei den Indianern vom
Stamm der Cheyenne so üblich.

Die neuen Namen beschreiben,
wie mutig die Jungen sind.
„Holt eine Feder des Steinadlers!",
ruft der Häuptling.
„Wer das zuerst schafft,
soll künftig Stolzer Adler heißen!"

Halber Mond schluckt.
Die Federn des Steinadlers
sind besonders wertvoll.
Der Häuptling schmückt damit
seine Federhaube.
Doch der Steinadler ist stark.
Nie wird er eine Feder
freiwillig hergeben.

Aber Stolzer Adler ist ein
wunderschöner Name.
Halber Mond will alles versuchen,
die Feder zu finden.
Schon springt er auf sein Pferd
und galoppiert Richtung Süden.
Dort hat Halber Mond gestern
einen Steinadler gesehen.

Auch Roter Pfeil reitet los –
jedoch nach Norden.
Schnell wie der Wind saust
Halber Mond auf seinem Pferd
durch die grenzenlose Prärie.
Unterwegs sieht er
eine riesige Büffelherde –
aber keinen Steinadler.
Erst als es dunkel wird,
erblickt Halber Mond
endlich den Steinadler!
Er kreist über einem Berg.
Dann landet er auf einem Horst.

„Also ist es ein Adlerweibchen",
ahnt Halber Mond.
„Es brütet Eier aus!"
Halber Mond reitet dorthin.
Vielleicht findet er
am Horst eine Feder!

Irrtum!

Der Horst liegt auf einem Berg.

Unten ist der Fels ganz glatt.

Halber Mond kommt nicht hinauf.

Doch ohne Feder traut er sich

nicht zurück zum Dorf.

Bestimmt würden ihn

alle nur auslachen.

Der Junge beschließt,
am Berg zu übernachten.
Morgen will er weitersuchen.
Vielleicht findet er
einen anderen Steinadler.
Halber Mond versucht zu schlafen.
Ein Geräusch schreckt ihn auf.
Der Junge lauscht
in die Dunkelheit.

Jetzt hört er es genau:

Da sind Schritte,

ganz in seiner Nähe!

Halber Mond wagt kaum zu atmen.

Er hat Angst!

Plötzlich taucht ein Schatten auf.

Halber Mond springt hoch.

Nur weg hier!

„He, ich bin's doch nur!",
ruft eine vertraute Stimme.
Es ist sein Freund Roter Pfeil!
„Hast du mich erschreckt!",
gibt Halber Mond zu.
Roter Pfeil erzählt,
dass auch er keine Feder
gefunden hat und sich
deshalb nicht heimtraut.
Die Freunde übernachten
zusammen.

Am nächsten Morgen hat
der Steinadler sein Nest
verlassen.
„Im Horst ist bestimmt eine Feder",
glaubt Halber Mond.
„Aber da kommt keiner rauf."
Nun sagt Roter Pfeil:
„Gemeinsam könnten wir es
schaffen ..."
Gemeinsam?
Halber Mond ist unsicher.
Schließlich ist es ein Wettkampf
um die Feder!
Doch dann ist er einverstanden.
Denn allein hat er keine Chance.
Halber Mond klettert auf
die Schultern seines Freundes.
Jetzt kann er sich
hinaufziehen!

Danach hilft er Roter Pfeil.
Die Freunde müssen sich beeilen.
Bestimmt kommt
das Adlerweibchen gleich zurück,
um weiterzubrüten ...
Kurz darauf sind sie am Horst.
Zwei Eier liegen dort – und
eine weiße und eine braune Feder!
Die Freunde sind überglücklich.
Rasch reiten sie zum Dorf zurück.
Der Häuptling staunt. „Ihr seid
gleichzeitig angekommen –
und habt beide eine Adlerfeder!"

Er überlegt einen Moment.
Dann sagt er listig:
„Keiner von euch soll den Namen
Stolzer Adler tragen."
Die Freunde sind enttäuscht.
War etwa alles umsonst?
Da lacht der Häuptling:
„Einer von euch wird
Weiße Feder
und der andere
Braune Feder heißen!"
Und jetzt, jetzt
lachen auch die beiden Freunde.

Der Herr der Meere

Heute sind Kleiner Bär und
sein großer Bruder Flinker Vogel
aufs Meer hinausgefahren.
Vor der Flussmündung
jagen sie Lachse
mit dem zweizackigen Speer.

Breitbeinig steht Flinker Vogel
vorn im Kanu.
Er hat ständig Glück,
fängt viele Lachse.
Und Kleiner Bär?
Der wirft den Speer
immer daneben.
„Du bist zu langsam,
du bist eine Schnecke!",
lästert sein Bruder.

Kleiner Bär ist stinksauer.

Sein großer Bruder ist

ein Großmaul.

Schließlich übt Kleiner Bär noch.

Später wird er

bestimmt auch mal

ein guter Fischer werden.

Wie alle Indianer

vom Stamm der Makah

an der Nordwestküste

von Amerika.

Traurig schaut Kleiner Bär

auf das graue Meer.

Da bekommt er

einen Schreck:

Ein Buckelwal taucht

ganz in ihrer Nähe auf!

Auch sein Bruder hat

den riesigen Wal gesehen.

Er greift zur Harpune:
„Den Wal treiben wir
an den Strand
und erlegen ihn dort!"
Kleiner Bär ist entsetzt.
Sein Stamm verehrt
den mächtigen Buckelwal.
Er ist der Herr der Meere.
Wenn überhaupt, dann darf nur
der Häuptling den Wal jagen!

„Lass ihn in Ruhe!",
ruft Kleiner Bär.
Sein Bruder winkt ab.
„Unsinn, du hast nur Angst.
Wenn ich den Wal erlege,
wird mich das ganze Dorf ehren,
weil ich Essen für alle
besorgt habe!"
Schon paddelt er
näher an den Wal heran.

Dann steht er auf und
hebt die lange Harpune
hoch über den Kopf.
„Tu's nicht!", schreit Kleiner Bär.
Doch sein Bruder wirft
die Harpune – und trifft!
Aber der Wal flieht nicht
zum Strand, im Gegenteil:
Er schwimmt aufs Kanu zu!
„Jetzt ist alles aus!",
ruft Kleiner Bär.

Schon hebt der Herr der Meere
seine mächtige Schwanzflosse.
Ein einziger Hieb wird ausreichen,
um das Kanu zu zerschmettern.
Flinker Vogel steht vorn im Boot,
gelähmt vor Angst.
In dieser Sekunde
packt Kleiner Bär sein Paddel.
Blitzschnell paddelt er
das Kanu ein Stück zurück.
Die Schwanzflosse saust herab!
Haarscharf platscht sie
neben dem Boot ins Meer.

Gischt spritzt,

eine Welle erfasst das Kanu,

lässt es gefährlich schaukeln.

Flinker Vogel verliert

das Gleichgewicht

und klatscht ins Meer.

Der große Wal sieht

den kleinen Menschen kurz an.

Für einen Moment

herrscht völlige Stille.

Dann taucht der Buckelwal

ganz gemächlich ab.

„Zieh mich ins Boot!",
bittet Flinker Vogel.
„Und erzähl bloß nichts
unseren Eltern!"
Kleiner Bär grinst plötzlich.
„Das ist dir wohl peinlich,
großer Waljäger ..."
„Mach keine Witze,
zieh mich rein!", fleht sein Bruder.
Doch Kleiner Bär bleibt hart:
„Nur unter einer Bedingung!"

„Ja, was denn?",
fragt Flinker Vogel bibbernd.
„Du nennst mich nie wieder
Schnecke, verstanden?",
verlangt Kleiner Bär.
„Versprochen",
jammert Flinker Vogel.
Nun hievt Kleiner Bär seinen
pitschnassen Bruder an Bord.
Beide haben ihr Versprechen
gehalten.
Bis heute –
großes Indianerehrenwort.

Das Geheimnis
auf dem Dachboden

Das Haus von Opa Theo
ist ein alter Kasten.
Ein bisschen düster
und sehr, sehr geheimnisvoll.
Es gibt viele verborgene Ecken,
einen Keller voller Spinnweben
und einen verwinkelten Dachboden.

Opa Theo gilt als sonderbar.

Früher war er Pilot.

Er kam viel rum
und hat alles gesehen.

Deshalb ist Opa Theo
der beste Geschichtenerzähler
der Welt. Heute besucht Tim
mit seinen Eltern den Opa.

Sie bleiben über Nacht.

Tim sitzt in Opas Wohnzimmer.

Es ist mit Büchern vollgestopft.

„Du solltest dringend mal wieder
aufräumen!", sagt Tims Vater.
„Ja, du sammelst viel zu viel",
meint Tims Mutter.
„Vor allem Bücher. Bring sie
auf den Flohmarkt!
Oder schmeiß sie weg!"
Aufräumen? Wegschmeißen?
Warum denn das?, denkt Tim.
Aufräumen ist sowieso blöd.
Und wegschmeißen
ist noch blöder.

Er findet es bei Opa sehr gemütlich.

Opa Theo grinst nur.

Er blinzelt Tim zu.

„Wir helfen dir",

schlägt Tims Vater vor.

„Auf dem Dachboden fangen wir an!"

„Nein!", ruft Opa Theo entsetzt.

„Niemals!"

Als die Eltern im Garten
spazieren gehen,
sagt Opa Theo zu Tim:
„Kannst du mir
einen Gefallen tun?"
„Klar!"
Opa Theo setzt
eine Verschwörermiene auf:
„Kannst du ein wenig
auf deine Eltern aufpassen?"
Tim lacht.
Sonst wollen seine Eltern
immer auf ihn aufpassen!
„Klar", sagt er wieder.

„Sie dürfen nicht
auf den Dachboden!",
meint Opa Theo.
„Warum nicht?"
„Weil ich dort einen Schatz hüte",
flüstert Opa Theo.

In der Nacht kann Tim
nicht einschlafen.
Was ist das nur für ein Schatz?
Er gleitet aus dem Bett
und schleicht die Treppe
zum Dachboden hoch.
Vorsichtig öffnet er die Tür.

Mondlicht sickert durch ein
Fenster. Staub kitzelt in Tims Nase.
Eine Maus huscht
an seinen Füßen vorbei.
Irgendwo knistert etwas.

Dann raschelt es.
Ein leises Lachen erklingt.
Tim schluckt. Wer ist da?
Ein Geist?
Und da, ein schwacher Lichtschein!
Tims Nackenhaare stellen sich auf.

Auf Zehenspitzen schleicht er
weiter. Das Licht dringt
aus dem Eingang
einer Höhle, die sich mitten auf
dem Dachboden befindet.
Tim tritt neugierig näher.

Im Mondlicht erkennt er,
dass die Wände der Höhle
aus Büchern bestehen.
Tausenden von Büchern!
Eine Decke bildet das Dach.

Tim späht in den Eingang.
Und wer sitzt dort
bei Schoko-Plätzchen
und Kerzenschein? Opa Theo!
Er schmökert in einem Buch!

„Setz dich zu mir", bittet Opa Theo.
„So viele Bücher – wie schön!",
freut sich Tim.
„Ja, und deshalb wird hier
auch nichts weggeschmissen",
wispert Opa Theo.

„Denn die Bücher sind
mein Schatz. Aber die Regale
im Wohnzimmer
sind schon voll.
Also bringe ich viele Bücher
auf den Dachboden.
Jeden Abend lese ich hier.
Das ist meine Welt der
Geschichten.
Möchtest du eine hören?"
„Aber ja!", ruft Tim begeistert.
Und dann beginnt Opa Theo
vorzulesen.

Tim lässt sich
von den Worten verzaubern.
Er hört von mutigen Rittern
und feuerspeienden Drachen.
Von bösen Kobolden
und guten Feen.

Und dabei ist sich Tim ganz sicher:
Das Geheimnis vom Schatz
auf dem Dachboden wird er immer
für sich behalten …

Die Schatzinsel

Der Wind faucht.
Riesige Wellen rollen heran.
Doch Jan fürchtet sich nicht.
Er liebt den Kampf mit dem Meer.

Jan ist Bootsjunge auf dem Schiff
von Kapitän Donnerschlag.
Der Kapitän hat Pirat Pistoli
eine Schatzkarte abgeluchst.
Beim Kartenspielen!

Nun segeln Donnerschlag,
Steuermann Pit, Jan
und die restliche Mannschaft
zu einer einsamen Insel.
Dort hat Pistoli
den Schatz verbuddelt.

Donnerschlag hat niemandem
die Karte gezeigt.
Aber er hat versprochen,
jedem an Bord etwas
von dem Schatz abzugeben.

Was wohl in der Schatzkiste ist?,
überlegt Jan.
Gold, Juwelen?

„Was stehst du da rum, Junge?",
brüllt Donnerschlag ihn an.
„Unter Deck mit dir,
Kartoffeln schälen!"

Jan seufzt.

Er hat an Bord nichts zu lachen.

Immer muss er

alle Mistarbeiten erledigen.

Deck schrubben,

Kartoffeln schälen …

Dabei träumt Jan davon,

Kapitän oder wenigstens

Steuermann zu werden.

Es wird Abend.
Der Sturm lässt nach.
„Land in Sicht!",
ruft der Mann im Ausguck.

„Wir ankern hier!",
befiehlt Donnerschlag.
„Und morgen heben wir
den Schatz!"
Die Mannschaft jubelt.
„Unsere glückliche Ankunft
muss gefeiert werden",
dröhnt Donnerschlags Stimme
übers Deck. „Her mit dem Rum!"

Die Seeleute leeren Fass um Fass.
Sie lachen und tanzen.
Und dann fällt einer
nach dem anderen um.
Jan lässt die Finger vom Rum.
Aber da ist noch jemand,
der nichts trinkt.
Kapitän Donnerschlag.
Seltsam ..., denkt Jan.

Um Mitternacht schnarchen
alle Matrosen.
Jan legt sich unter Deck
in seine Hängematte.
Da hört er Schritte über sich.
Wer schleicht da noch herum?
Jan sieht nach.
Eine dunkle Gestalt
huscht zur Reling.
Jan geht hinter
einem Wasserfass in Deckung.

Das ist ja Donnerschlag!
Er hat eine Schriftrolle
in der Hand!
Das ist bestimmt die Schatzkarte!
In der anderen Hand trägt er
einen Spaten.
Leise steigt der Kapitän in eines
der beiden Rettungsboote
und rudert zur Insel.
Jetzt hat er das Ufer erreicht.
Im Mondlicht erkennt Jan,
dass der Kapitän zu graben beginnt.

Nun ahnt Jan:
Donnerschlag will sich den Schatz
allein unter den Nagel reißen!
Er hat die Mannschaft
nur ausgenutzt.
Sie sollte ihn zur Insel segeln,
die er allein nie erreicht hätte.

Jan muss Donnerschlags
bösen Plan durchkreuzen.
Er will Alarm schlagen.

„Aufwachen!", ruft er
einem Seemann ins Ohr.
„Hä? Wie, was, wo?", nuschelt
der Matrose und pennt weiter.
Auch die anderen Seeleute
lassen sich so nicht wecken.
Jan wird klar: Da muss schon
ein schwereres Geschütz her!
Also feuert er
eine der Kanonen ab –
und sofort sind alle hellwach!
Nun sehen auch
die anderen Matrosen den Kapitän.
Sie begreifen, dass er
sie betrügen will.

„Den schnappen wir uns!",
brüllt Pit, der Steuermann.
Sofort wird das zweite
Rettungsboot
zu Wasser gelassen.
„Auf ihn!", kommandiert Pit.

Kapitän Donnerschlag versucht,
mit der Schatzkiste zu türmen.
Aber sie ist zu schwer.
Also lässt er sie liegen und flieht
in den nahen Wald.

Die Matrosen stürzen sich
auf die Beute.
Auch Jan erhascht einen Blick:
Goldene Münzen funkeln
im Mondlicht!
Sie sind reich!
Gierig grapschen die Männer nach
dem Schatz.
„Pfoten weg!", knirscht Pit.
„Es wird gerecht geteilt!"

Dann kracht seine Pranke
auf Jans Schulter.
„Gut gemacht, Kleiner!
Ohne dich hätte Donnerschlag
uns übers Ohr gehauen!"
Alle lassen Jan hochleben.
Er ist ganz verlegen.
„Zur Belohnung brauchst du
nie wieder das Deck zu schrubben
oder Kartoffeln zu schälen!",
kündigt Pit an.
Jan strahlt. Super!

„Und ich werde dich
zum Steuermann ausbilden",
ergänzt Pit.
„Hast du dazu Lust?"
Jan ist glücklich.
Das ist sein großer Traum.
Steuermann – das ist noch viel
mehr wert als jeder Goldschatz!

Der geheimnisvolle Fahrgast

Mama, Papa und ich

fahren im Schlafwagen

in den Urlaub.

Der Zug rumpelt durch die Nacht.

Papa schnarcht,

dass die Scheiben klirren.

Er liegt auf dem Bett über mir.

Ganz oben schläft Mama.

Aber ich kann nicht schlafen.

Es ist alles viel zu aufregend.

Denn ich liebe die Eisenbahn.
Das Größte für mich
wäre eine schicke Uniform,
wie sie die Schaffner tragen.
Oder wenigstens die Mütze.
Es ist total heiß im Abteil.
Ich öffne die Tür einen Spalt.
Kühle Luft strömt herein.

Der Zug wird langsamer
und bleibt schließlich stehen.
Ich schaue aus dem Fenster.
Wir halten an einem Bahnhof.
Aber was ist das?
Ein seltsames Geräusch
dringt unter meinem Bett hervor.
Wie kleine, schnelle Schritte!
Dann folgt ein Rascheln.
Ich bekomme eine Gänsehaut.

Da! Da ist es wieder!
Ich schnappe
meine Taschenlampe
und leuchte unter das Bett.

Eine Maus starrt mich an.
Doch sie flitzt nicht davon.
Sie schaut mich an
mit ihren dunklen Knopfaugen.

Vorsichtig strecke ich
die Hand aus.
Die Maus kommt näher
und schnüffelt.
Dann springt sie in meine Hand!
Ich nehme sie mit auf mein Bett.
Wenn das Mama sehen würde!
Sie würde bestimmt
einen Schreikrampf bekommen.
Oder Papa,
das Sägewerk da oben.
Der würde sicher versuchen
die Maus zu fangen und
dabei das halbe Abteil
verwüsten.

Ich streichle die Maus
und baue ihr eine Höhle
mit meinem Kopfkissen.
Dann gebe ich ihr etwas Käse
aus der Kühltasche.

Aber die Maus
kann nicht hier bleiben.
Wegen Mama und Papa.
Was soll ich machen?
Da habe ich eine Idee!

Vielleicht kann ich die Maus
draußen freilassen.
Der Zug steht ja noch.
Ganz leise schlüpfe ich
mit der Maus aus dem Abteil.
Ich laufe zur nächsten Tür.
Dabei kommt mir
der Schaffner entgegen.
So ein Mist!

„Wo willst du denn hin, Kleiner?",
fragt der Schaffner freundlich.
„Nur mal Luft schnappen",
sage ich schnell.
„Was hast du denn da?",
fragt der Schaffner jetzt.
Er deutet auf meine Hände.
„Nichts", sage ich
und werde rot.

In diesem Moment
piepst die Maus.
„Hast du etwa Tipper gefunden?
Der ist vorhin ausgebüxt",
ruft der Schaffner aufgeregt.
Tipper? Ich verstehe nur Bahnhof.
Zögernd öffne ich die Hände.
„Da bist du ja!",
sagt der Schaffner.
Die Maus springt zu ihm
und verschwindet
in seiner
Jackentasche.

„Ohne Tipper wäre ich
nachts immer so allein",
erklärt der Schaffner.
Jetzt ist er rot geworden.
Ängstlich schaut er sich um.
„Aber niemand darf wissen,
dass Tipper hier ist.
Ich bekomme sonst Ärger.
Verrat mich nicht, okay?",
flüstert er.

„Okay", sage ich.
„Hier, die ist für dich",
sagt der Schaffner
und schenkt mir seine Mütze.
Meine Augen werden groß.
Ich habe eine echte
Schaffnermütze!
Sofort sause ich in mein Abteil.
Mit meiner neuen Mütze
kann ich auch endlich
einschlafen.

Wo ist die Fahrkarte?

Ganz allein sitzt Yannick im Abteil.
Er war bei Oma zu Besuch
und fährt jetzt wieder nach Hause.
Eine Stunde Fahrt liegt vor ihm.
Yannick ist langweilig.
Plötzlich kommt ein Mann
mit einem Zylinder herein.

„Wer bist denn du?",
fragt der Mann.
„Yannick, und du?"
Der Mann lupft den Zylinder
und sagt: „Filippo Filipini!
Ich bin ein Zauberer."

Yannick überlegt: Ob das stimmt?
„Dann zaubere doch mal was!",
bittet er den Mann.
„Jetzt nicht", sagt der und gähnt.
„Ich bin zu müde.
Schließlich habe ich
den ganzen Tag gezaubert.
Jetzt ist Feierabend."

Schade, denkt Yannick.

Zwei Minuten später

schläft der Zauberer.

Dann geht die Tür erneut auf.

Da steht ein grimmiger Mann –

es ist der Schaffner.

Er will die Fahrkarten sehen.

Der Zauberer wacht auf

und greift in seine Jacke.

„Bitte sehr!", sagt er.

Aber er hält nur

eine Spielkarte in der Hand.

„Entschuldigung",

sagt der Zauberer

und greift erneut in die Jacke.

Diesmal zieht er einen Ball hervor.

„Entschuldigung!",

sagt der Zauberer wieder.

„Gleich habe ich sie!"
Er beginnt zu schwitzen.
Fieberhaft sucht er
in seiner Hose.

Er findet bunte Bänder,
eine Tüte Gummibärchen,
Luftschlangen,
eine goldene Uhr,
einen Kerzenstummel
und zwei junge Kaninchen.
Aber die Fahrkarte,
die findet er nicht.

Der Zauberer lacht verlegen.
„Irgendwo muss sie doch sein",
hofft er und sucht weiter.
Doch der Schaffner lacht nicht.
Er will die Fahrkarte sehen!
Und langsam verliert er
die Geduld.
„Ich habe sie ganz sicher dabei",
flüstert der Zauberer.
Verzagt dreht er seinen Zylinder
in den Händen.

Und da sieht Yannick sie!

Er ruft: „Ich habe sie …"

Doch der Kontrolleur lässt Yannick
nicht zu Wort kommen.

„Ruhe, zu dir komme ich gleich",
meckert er.

„Aber ich …",

versucht es Yannick erneut.

„Ruhe!", unterbricht ihn

der Kontrolleur wieder.

Er zückt einen Block.
„Sie müssen nachzahlen!",
sagt er streng zum Zauberer.
Traurig greift der Zauberer
in seinen Geldbeutel.
Da schnappt sich Yannick
den Zylinder und ruft:
„Abrakadabra!"

Und schwups,
hat er die Fahrkarte
hinter dem Hutband
hervorgezaubert!
„Was für ein toller Trick!",
ruft der Zauberer begeistert.
„Irgendwie muss die Fahrkarte
dorthin geraten sein."
Mit einem Knurren
kontrolliert der Schaffner
die Karte des Zauberers.

Dann will er sie entwerten.
Doch die Zange ist weg!
Lachend zieht sie der Zauberer
aus seiner Jacke.
„War nur ein Scherz", sagt er.
Doch der Schaffner lacht
noch immer nicht.
Er knallt die Tür zum Abteil
zu und stapft weiter.

„Willst du eine kleine Show?",
fragt der Zauberer jetzt Yannick.
Der nickt begeistert: „Klar,
das ist eine zauberhafte Idee!"
Und so schnell ist noch nie
eine Zugfahrt vorübergegangen.

Volltreffer

„Jippie", trällert Schwarzbart
und stapelt
die Kanonenkugeln.
„Endlich lichten wir Anker!"
Alles an Bord wird
auf Hochglanz gebracht:
Die Segel werden geflickt,
die Kanonenrohre poliert
und die Piratenflagge
flattert auch schon
am Mast.
Das Piratenschiff Haifischzahn
kann endlich wieder
auf Kaperfahrt gehen,
denn die Geldtruhen sind leer
und die Vorratskammern auch.

Kapitän Holzwurm ruft
seine Leute zusammen und sagt:
„Beim Kapern darf es nicht hapern.
Übt lieber noch einmal zielen!"
Die Piraten maulen und meckern.
„Das haben wir doch schon
in der Piratenschule gelernt!",
schimpft Einauge.
„Na, dann beweise mal,
wie gut du triffst",
meint Kapitän Holzwurm.

Er rudert los und verteilt
überall in der Bucht Ziele:
Eine Luftmatratze, eine Plastikente,
ein Floß und einen Schwimmring.
„Beute in Sicht", ruft Holzwurm.
„Los, versenkt die Luftmatratze!"

„So ein doofer Kinderkram",
maulen die Piraten und stopfen
missmutig die Kanonen.

„Feuer und Schuss", brüllt Einauge.

Er zündet die Kanone.

Aber die Kugel platscht ins Wasser,

weit hinter der Luftmatratze.

Die anderen Piraten kichern.

„Ich zeige dir, wie das geht!",

prahlt Schwarzbart.

Er zielt und feuert.

Aber die Plastikente

wird nicht einmal nass.

Die Piraten feuern
eine Kanone nach der anderen ab,
aber niemand trifft.

„Hört sofort auf,
ihr schielenden Krähen!"
Wütend rudert Holzwurm
zum Piratenschiff zurück.
„Auweia! Jetzt gibt es Ärger",
murmelt Einauge nervös.
„Wir müssen ihn aufhalten!"

Aber womit?
Alle Kanonenkugeln
sind verschossen.
„Damit geht's", ruft Schwarzbart.
Er schleppt einen Eimer herbei.
Die anderen kichern.
Hastig stopfen die Piraten
die Kanone.

„Feind in Sicht", ruft Einauge.
„Feuer und Schuss!" Bumm!
„Jippie, getroffen!"

Und wirklich: Kapitän Holzwurm
ist von oben bis unten
mit stinkenden Fischgräten
und fauligem Seetang bedeckt.
Er brüllt wütend:
„Ihr verflixten Blindschleichen!"

„Wieso Blindschleichen?",
fragt Schwarzbart grinsend.
„Das war doch ein Volltreffer!"

Oskar, der Glückspilz

Seinen Goldtaler hütet Oskar
wie seinen Augapfel.
Der Taler war nämlich
Oskars erste Piratenbeute.
Den hat er immer
in der Hosentasche.
Denn mit diesem Goldtaler
hat er Piratenglück.

Oskar klettert in den Ausguck.

Da hört er etwas klirren.

Er schaut nach unten.

Sein Taler rollt über die Planken.

„Hilfe, mein Taler!", schreit Oskar.

Sein Freund Knut springt herbei

und will den Goldtaler retten:

Zu spät, der Taler versinkt im Meer.

Oskar fasst in seine Hosentasche.
Darin ist ein großes Loch.
Er klettert nach unten
und starrt ins Wasser.
Wo ist nur sein Goldtaler?
Oskar kann ihn nicht sehen.
Was soll er jetzt nur tun?
„Angeln", rät ihm sein Freund Knut.
„Mit einem Magneten!"

„Gute Idee", ruft Oskar begeistert.
Er bindet einen Magneten
an die Angel und fängt an.
„Ich hab was",
sagt Oskar aufgeregt
und zieht die Beute hoch.
Aber es ist nur ein krummer Nagel.

Oskar fischt alles Mögliche
heraus:
eine verbeulte Dose,
ein verrostetes Messer
und sogar einen Kompass.
„Du Glückspilz", sagt Knut.
„So einen wollte ich
schon immer haben."
Oskar gibt ihm den Kompass.
Er ist kein Glückspilz!
Ohne seinen Goldtaler
ist er ein Pechvogel.

„Mit dem Magneten
klappt das nicht!",
sagt Oskar unglücklich.
„Dann tauch doch nach dem Taler",
schlägt Knut vor.
Oskar wird knallrot.
„I-ich ka-kann do-doch nicht
gut schwimmen", stammelt er.

Aber Knut hat eine Idee:
Er bindet Oskar
ein Seil um den Bauch.
„Damit kann ich dich halten
und hochziehen", erklärt Knut.

Oskar will nicht tauchen.
Aber ein Pechvogel sein
will er erst recht nicht.
Also springt er mutig ins Meer.

Er bekommt Wasser in die Nase,
doch er geht nicht unter.
„Bereit zum Tauchen?", fragt Knut.
„Wenn du wieder hochwillst,
zieh einfach am Seil!"
Oskar nickt tapfer.
Er holt tief Luft,
hält sich die Nase zu und taucht.
Zum Glück ist die Bucht nicht tief.

Auf dem Meeresgrund sieht er
nur Sand und Steine und Fische.
Dann entdeckt er ein Glitzern.
Oskar greift danach.
So ein Glück: Das ist sein Taler!
Und direkt neben dem Taler steht
eine kleine goldene Truhe.

Aufgeregt zieht Oskar am Seil.
Knut holt ihn schnell hoch.

„Ich hab ihn", japst Oskar

und hält den Goldtaler hoch.

„Ich muss aber noch mal runter.

Da steht noch eine goldene Truhe!

Ich binde das Seil drum,

dann können wir sie hochziehen!"

„Aber ...", ruft Knut.

Doch Oskar

taucht schon wieder runter.

Er bindet das Seil um die Truhe

und schwimmt zurück nach oben.

„Da bist du ja", ruft Knut erleichtert
und hilft Oskar aufs Schiff.
„Ich dachte,
du kannst nicht schwimmen?"
Oskar lacht.
„Glückspilze lernen schnell",
sagt er.
„Und Glückspilze
mit einem Glückstaler
finden sogar einen Schatz!"
„Aber nur, wenn sie ein Loch
in der Hosentasche haben",
erwidert Knut grinsend.
Und dann ziehen sie gemeinsam
die goldene Truhe an Bord.

Leserabe Leserätsel

Rätsel 1

Die Kinder des Manitu. Indianergeschichten

Streiche die Buchstaben, die zu viel sind.

Haharaupunue

Huäupätlilitnigng

Siteitntaledeler

Rätsel 2

Eisenbahngeschichten

Wie viele Wörter aus den Geschichten findest du?

SCHAFFNERMAUSABTEILMÜTZE

☐

ZAUBERERKANINCHENZYLINDER

☐

Lösungen
Rätsel 1: Übrig bleiben Harpune, Häuptling, Steinadler
Rätsel 2: Schaffner, Maus, Abteil, Mütze
Zauberer, Kaninchen, Zylinder

Schatzgeschichten

Rätsel 3

Insgesamt sind sechs Wörter versteckt. Kreise sie ein.

S	C	H	A	T	Z
C	A	V	T	B	M
H	E	J	H	I	E
I	N	S	E	L	E
F	O	W	O	P	R
F	B	U	C	H	A

Piratengeschichten

Rätsel 4

Für Piraten-Experten

Die Mannschaft des Piratenschiffs Haifischzahn

schießt auf Kapitän _____. Sie landen einen

_____. Oskars erste Piratenbeute war

ein _____. Er verliert ihn, weil er ein Loch

in seiner _____ hat.

Lösungen
Rätsel 3: Schatz, Theo, Buch, Insel, Meer, Schiff
Rätsel 4: Holzwurm, Volltreffer, Goldtaler, Hosentasche

Rätsel für die Rabenpost

Was stimmt? Ersetze die richtige Zahl
durch den passenden Buchstaben.
Dann erhältst du das Lösungswort.

	Ja	Nein
Halber Mond sucht eine Feder.	19	10
Yannick trifft einen Clown im Zug.	23	16
Opa Theo hat einen Schatz auf dem Dachboden.	5	3
Jan bekommt eine Belohnung.	5	11
Oskar findet einen roten Eimer am Meeresgrund.	8	18

A 1	B 2	C 3	D 4	E 5	F 6	G 7	H 8	I 9
J 10	K 11	L 12	M 13	N 14	O 15	P 16	Q 17	R 18
S 19	T 20	U 21	V 22	W 23	X 24	Y 25	Z 26

Lösungswort: ☐ ☐ ☐ ☐ ☐

Rabenpost

Super, geschafft!

Jetzt ist es Zeit für die Rabenpost.
Wenn du das Lösungswort herausgefunden hast,
kannst du tolle Preise gewinnen!

Gib es auf der  Website ein
▶ www.leserabe.de,

mail es uns ▶ leserabe@ravensburger.de

oder schick es mit der Post.

Lösungswort:

An
den LESERABEN
RABENPOST
Postfach 2007
88190 Ravensburg
Deutschland

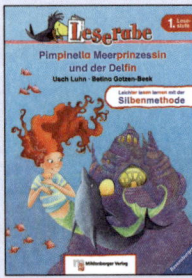

Ravensburger Bücher

Lesen lernen mit Spaß!
In drei Stufen vom Lesestarter zum Überflieger

ISBN 978-3-473-**36449**-7

ISBN 978-3-473-**36437**-4

ISBN 978-3-473-**36462**-6

1. Lese-stufe

ISBN 978-3-473-**36465**-7

ISBN 978-3-473-**36440**-4

ISBN 978-3-473-**36441**-1

2. Lese-stufe

ISBN 978-3-473-**36456**-5

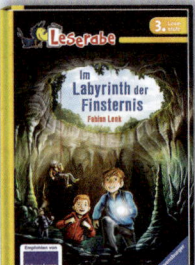

ISBN 978-3-473-**36442**-8

ISBN 978-3-473-**36455**-8

3. Lese-stufe

www.leserabe.de

Ravensburger